GÉNÉALOGIE

de la Famille

DUPONT DE CASTILLE

Tiré à trente sept Exemplaires sur papier vergé,
à trois Velin,
tous signés & paraphés par l'Auteur.

GÉNÉALOGIE
de la Famille
DUPONT DE CASTILLE

Seigneur de Castille, d'Ogimont, de St Ouen,
Champville, Briscloque &c.

par

LE CHEVALIER AMÉDÉE DE TERNAS,
ancien Élève de l'École des Chartes.

DOUAI,
Alfred Robaut, Lithographe.
MDCCCLXIX.

4

Généalogie de la Famille Dupont de Castille.

Armes: *de gueules à trois glands d'or, les queues en bas.*

I Charles DUPONT demeurant à Vermeille près Béthune, marié à Catherine de NOEUD en 1615.

dont 3 enfants:

1° Michel DUPONT qui suit.

2° Jean DUPONT demeurant à Bavencourt, où ses descendants existaient encore en 1740.

3º Marie DUPONT alliée à François DU CATEL, demeurant à Hermaville.

II Michel DUPONT, marié à Marie Françoise ANSART, fille de Jean Michel et de Marie DE SAULTY,

 dont 8 enfants:

  1º Martin DUPONT qui suit;

  2º Michel DUPONT, marié à Marie TURLURE, dont 3 enfants sans postérité.

  3º François DUPONT allié 1.º à Eléonore LECLERCQ, 2.º à Marie TOEUF, il laissa du 1.er lit Eléonore DUPONT, religieuse Brigittine.

  4º Robert DUPONT, demeurant à Hermaville, marié à Marie Catherine HURVEL. Il en eut 3 enfants, dont la postérité est inconnue.

  5º Marie Jeanne DUPONT, mariée à Michel DUISACQ, demeurant à Sart près St Pol.

  6º Brigitte DUPONT, mariée à Marc OBRY, dont un fils Robert OBRY, religieux Picpus en 1740 à Rome.

  7º Marie Isabelle DUPONT, alliée à Thomas GODART.

  8º Marie Anne DUPONT, alliée à Robert GODART.

III Martin DUPONT, marié en 1685 à Sainte LECLERCQ, fille de Nicolas et de Rose BIENFAIT. Il testa le 4 Mai 1712, et fut enterré avec sa femme dans l'Eglise S.te Croix à Arras.

Il laissa 5 enfants.

1.° Pierre Marie DUPONT, Prêtre bénéficier de la Cathédrale à Arras, et bachelier en Théologie de l'Université de Paris.

2.° François Martin DUPONT, Avocat au Conseil d'Artois, mort le 12 Octobre 1753. Il avait épousé à Arras, par contrat du 20 Novembre 1734, Marie Anne Catherine DURTESTE, fille de Jean-Baptiste & de Marie Claire DE LA PORTE. Il eut 3 enfants:

 A. Nicolas Joseph DUPONT, S.r de Boisvillers,
 B. Augustin Joseph DUPONT, S.r de Corville,
 C. Pierre Joseph DUPONT, S.r d'Arly.

3.° Jean Nicolas DUPONT qui suit.

4.° N. DUPONT, religieuse Ursuline sous le nom de sœur Monique.

5.° N. DUPONT, religieuse Augustine sous le nom de sœur Joseph.

IV Jean Nicolas DUPONT, écuyer, Conseiller Secrétaire du Roi, Audiencier en la Chancellerie établie près le Conseil d'Artois, par achat du 9 décembre 1754, reçu en 1755 (1) était Juge de la juridiction consulaire de Valenciennes, S.r de Castille (2) d'Ogimont (3) de S.t Ouen (4) de Briscloque (5) et de Champville,

(1) Il acheta cette charge pour le prix total de 35,727 Livres, 15 sols, 8 deniers, par acte passé à Lille, le 9 décembre 1754, de Jean Joseph FRUICT, écuyer, S.r d'Hallennes qui la possédait lui-même par achat qu'il en avait fait le 3 Mars 1735.

(2) Voir à la suite de la généalogie la note 1
(3) id.   id.   id.   id 2
(4) id.   id.   id.   id 3
(5) id.   id.   id.   id. 4
(6) id.   id.   id.   id. 5

dont il servit le relief à la Chambre des Comptes de Lille, le 14 Août 1738. Jean Nicolas DUPONT né à Arras le 7 décembre 1697, mourut à Valenciennes le 4 juillet 1773, paroisse St Jacques, et fut inhumé dans le chœur de cette Église. Il avait épousé dans cette ville, paroisse St Géry, le 26 juin 1731, Marie Florence Brigitte LEXIN, baptisée le 7 mai 1694, morte le 12 août 1769, fille de Jacques, Juge de la Chambre consulaire de Valenciennes, et de Marie Thérèse HURAIN. Jean Nicolas DUPONT et sa femme firent, par acte du 9 mars 1759 passé devant les échevins de Valenciennes et hommes de fiefs du Hainaut, le partage de leurs biens, entre les deux enfants qui leur restaient de leur mariage.

Ils eurent les 5 enfants qui suivent:

1.° *Pierre Joseph DUPONT, écuyer, né à Valenciennes, paroisse St Jacques, le 7 avril 1732, mort Jésuite;*

2.° *François Louis Joseph DUPONT, qui suit.*

3.° *Nicolas Joseph DUPONT, baptisé à Valenciennes dans la paroisse Notre-Dame de la Chaussée, le 1er avril 1734, mort le 5 juin suivant.*

4.º Nicolas Joseph DUPONT, auteur des branches d'Ogimont et de St Ouen.

5.º Rosalie Catherine Joseph DUPONT, baptisée à Valenciennes, paroisse Notre-Dame de la Chaussée, le 3 septembre 1736.

V François Louis Joseph DUPONT DE CASTILLE, Chevalier, Seigneur de Castille, de Champville et de Briscloque, d'abord Conseiller pensionnaire de la ville de Valenciennes, fut nommé Conseiller au Parlement de Flandre, le 11 mai 1765, ensuite Procureur général en 1771, au Conseil Supérieur de Douai et enfin Président à mortier, le 11 Mars 1775 au Parlement de Flandre, lors de son rétablissement. Il servit le 21 Juin 1774, au bureau des Finances de Lille, le relief de la seigneurie de Castille, qui relevait du Roi, à cause de son château de Bouchain. François Louis Joseph DUPONT DE CASTILLE né à Valenciennes, paroisse Notre-Dame de la Chaussée, le 13 Avril 1733, mourut dans cette ville le 8 février 1804, après avoir épousé Marie Anne Pétronille Joseph CAMPION, née le 28 Avril 1737, morte pendant l'émigration à Warendof (Allemagne), le 24 Janvier 1795. Elle était fille de Joseph Rémy et de Marie Jeanne Joseph LENGRAND.

Ils eurent les 5 enfants suivants:

1.° Marie-Thérèse-Flore-Joseph DUPONT DE CASTILLE, née à Douai, paroisse S.ᵗ Nicolas, le 17 juillet 1771, morte en Allemagne, le 17 mars 1779.

2.° Nicolas-Louis-Joseph DUPONT DE CASTILLE, écuyer, né à Douai, paroisse S.ᵗ Nicolas, le 7 juin 1772, mort à Chargé près-Amboise, (Indre-&-Loire), après avoir épousé à Lille Marie Ange-Louise-Joseph DUPONT D'OGIMONT, sa cousine germaine, rapportée ci-après. Ils ne laissèrent pas de postérité.

3.° Marie-Périne-Eulalie-Joseph DUPONT DE CASTILLE, née à Douai, paroisse S.t Nicolas, le 9 janvier 1774, morte le 12 mars suivant.

4.° Marie-Périne-Flore-Joseph DUPONT DE CASTILLE, née à Douai, paroisse S.t Nicolas, le 3 juin 1775; elle mourut à Valenciennes, le 14 juin 1856, veuve de Henri Nicolas Joseph DUPONT DE S.t OUEN, écuyer, son Cousin germain, rapporté ci-après.

5.° Marie-Artémie-Félicité-Joseph DUPONT DE CASTILLE, née à Douai, paroisse S.t Nicolas, le 20 août 1777, elle mourut sur la même paroisse le 17 août 1778.

Branche d'Ogimont et de S.t Ouen.

V Nicolas Joseph DUPONT, écuyer, licencié ès-lois, fils de Jean Nicolas DUPONT, écuyer, s.r de Castille et de marie Florence Brigitte LEXIN. Il fut seigneur d'Ogimont, et de S.t Ouen. Il servit le relief du premier de ces fiefs, le 10 juillet 1770, au bureau des finances de Lille, à cause du trépas de sa mère, et celui de la seigneurie de S.t Ouen, le 5 Juillet 1770, à Otho-Henri, Comte d'Ongnies, s.r de Mastaing dont elle relevait. Il acheta la bourgeoisie de Lille le 9 Janvier 1761, fut échevin de cette ville en

1770, 1777, 1778, Prud'homme en 1772, voir-juré en 1776, Il avait épousé à Lille, le 4 mai 1760. Thérèse Florence Joseph WACRENIER, fille de Jean-Baptiste, écuyer, reçu Secrétaire du Roi en la Chancellerie du Parlement de Flandre, le 30 septembre 1729, Sr de Thieffries, de Belloquin et de la Boucharderie, et de Marie Jeanne Françoise FRANS (I). Nicolas Joseph DUPONT (2) mourut à Lille, le 16 février 1821 et sa femme Thérèse WACRENIER, le 13 septembre 1813.

Ils eurent 3 enfants.

1.° Henri-Nicolas-Joseph DUPONT DE St OUEN, qui suit.

2.° Marie-Ange-Louise DUPONT DE St OUEN, mariée à Nicolas Louis Joseph DUPONT DE CASTILLE, écuyer, son Cousin, rapporté ci-devant.

3.° Charles Dominique Joseph DUPONT D'OGIMONT auteur de la branche d'Ogimont qui suivra.

(1) Elle était fille d'Alexis François FRANS, écuyer, reçu Secrétaire du Roi en la Chancellerie du Parlement de Flandre, le 4 février 1714, Sr de la Hamaïde et de la chapelle. & de Marie-Françoise ROGIERS.

(2) Il avait été baptisé à Valenciennes, paroisse Notre-Dame de la Chaussée, le 5 mai 1735.

VI Henri Nicolas Joseph DUPONT DE St OUEN, écuyer, Chevalier de St Louis le 25 décembre 1815, entra comme cadet gentilhomme au service de France; fut d'abord nommé sous-lieutenant au régiment de Piémont par brevet signé du Roi à Versailles le 22 décembre 1782, puis lieutenant dans le même régiment le 20 décembre 1787, et enfin Capitaine d'Infanterie. Il devint Chef de Cohorte de la garde nationale de Valenciennes, sous la Restauration, puis membre du Conseil de l'arrondissement et du conseil municipal de cette ville et enfin administrateur des Hospices. Henri-Nicolas DUPONT DE S! OUEN, né à Lille le 22 Octobre 1762, paroisse S!ᵉ Catherine, mourut à Valenciennes le 19 décembre 1841, après avoir épousé dans cette dernière ville le 9 Juillet 1803, Marie-Périne Florence Joseph DUPONT DE CASTILLE, sa cousine germaine, rapportée ci-devant. Cette Dame mourut à Valenciennes le 14 juin 1856.

Ils eurent les 7 enfants qui suivent:

1° *Edmond-Aimé-Marie DUPONT DE S!-OUEN*, écuyer, né à Valenciennes le 6 mai 1804, mort dans la même ville le 18 avril 1827.

2° *Léonie Arthémie DUPONT DE S! OUEN*, née à Valenciennes le 15 octobre 1805, marié dans cette ville, le 20 Octobre 1834 à Charles Eugène

DE PARCEVAL, ancien payeur du département de l'Allier, né à Paris le 14 septembre 1807, fils d'André René Philibert & de Clémentine Françoise Victoire DESMÉ. Léonie DUPONT DE St OUEN mourut à Paris, le 28 février 1838 laissant un fils Albert DE PARCEVAL, mort à Paris, le 28 mars 1840 âgé de 4 ans.

3.° Léonce-Hippolyte DUPONT DE St OUEN, écuyer, qui suit.

4.° Anaïs-Marie Adèle DUPONT DE St OUEN, née à Valenciennes le 2 septembre 1810, morte dans la même ville le 20 mai 1827.

5.° Mathilde Aline DUPONT DE St OUEN, née à Valenciennes le 31 juillet 1812.

6.° Jules Henri DUPONT DE St OUEN, écuyer, élève de l'Ecole spéciale de St Cyr, né à Valenciennes le 24 décembre 1814, mort dans la même ville le 28 mai 1835.

7.° Alphonse Fulgence DUPONT DE St OUEN, qui sera rapporté après son frère.

VII Léonce Hippolyte DUPONT DE St OUEN, écuyer, né à Valenciennes, le 27 septembre 1808, allié à Lille le 26 août 1851, à sa cousine germaine Louise Zoé DUPONT D'OGIMONT, née à Lille le 29 mai 1821, fille de Charles Dominique Joseph, écuyer, et de Louise Joseph DUPONT.

VII bis. Alphonse Fulgence DUPONT DE St OUEN, écuyer, fils Henri Nicolas joseph, écuyer, et de Marie Périne Florence Joseph DUPONT DE CASTILLE, né à Valenciennes, le 10 avril 1820, épousa à Mons, le 17 décembre 1857, Gabrielle Marie Antoinette LOEN D'ENSCHEDE, née à Tournai le 14 Octobre 1832, fille de Gaspard Louis Joseph, baron de Loen d'Enschede et de Roosbeek et de Marie Antoinette Eveline Thadée DE MASNUY.

Il en eut 2 enfants:

1.° *Fernand-Louis-Joseph DUPONT DE St OUEN, qui suit.*
2.° *Marie Gabrielle Joseph DUPONT DE St OUEN, née à Valenciennes le 4 septembre 1860, morte dans la même ville le 12 février 1864.*

VIII Fernand Louis Joseph DUPONT DE S.̲t OUEN, écuyer, né à Valenciennes le 31 décembre 1858.

Branche d'Ogimont.

VI Charles Dominique Joseph DUPONT D'O-GIMONT, écuyer, fils de Nicolas Joseph, écuyer et de Thérèse WACRENIER, né à Lille le 4 août 1779, mourut dans cette ville le 24 décembre 1864. Il avait épousé à Lille, Florence Louise Joseph DUPONT, morte dans la même ville, le 16 décembre 1863, fille de Louis Joseph DUPONT, propriétaire et de Madelaine Joseph COLLIGNON.

Ils eurent les 4 filles qui suivent :

1° *Euphrosine Florence Joseph DUPONT D'OGIMONT, née à Lille le 31 mai 1808, morte dans la même ville, le 30 juillet 1843 ; Elle y avait épousé, le 8 novembre 1830, Henri Joseph François BRAEMT, né à Lille* le 8 septembre 1806, fils de Henri Joseph, Chevalier de St. Louis & de la légion d'honneur, & de Marie Françoise DELANNOY.

2º Sophie Adeline Joseph DUPONT D'OGIMONT née à Lille le 24 mai 1810, épousa, dans cette ville, le 4 avril 1837, Auguste Alfred PERROT D'ESTIVARELLES, directeur du Télégraphe, né à Vierzon (Cher) le 23 juillet 1799, fils de Jean Raymond & de Françoise CRISTO DE PLANCHE.

3º Eliska Philippine Joseph DUPONT

D'OGIMONT, née à Lille le 7 juin 1814, mariée dans la même ville, le 6 mars 1836, à Louis Auguste Joseph MACQUART, né à Lille le 26 avril 1804, fils de feu Philippe Henri Joseph & de Joséphine Henriette Thérèse BEAUGRAND, demeurant à Esquermes. Eliska DUPONT D'OGIMONT est morte à Lille, le 4 juin 1850, laissant une fille.

4.° Louise Zoé DUPONT D'OGIMONT, née à Lille le 29 mai 1821, épousa dans cette ville, le 26 août 1851, Léonce Hippolyte DUPONT DE S.ᵗ OUEN, écuyer, son cousin germain, rapporté ci-devant.

Notes sur les Seigneuries possédées par la Famille DUPONT DE CASTILLE.

Note 1re.
Fief de Castille.

Le fief de Castille, acheté par Jean Nicolas DUPONT était situé à Lieu-St-Amand près-Bouchain et relevait du Roi, à cause de son château de Bouchain. Il consistait, d'après le relief qu'en fit François Louis Joseph DUPONT DE CASTILLE, écuyer, le 21 juin 1774, en 24 mencaudées de terres labourables, et 41 Chapons ½ de rentes Seigneurales.

Note 2°.
Seigneurie d'Ogimont.

La terre & seigneurie d'Ogimont, située au Village de Marly près de Valenciennes, relevait du Roi à cause de son Comté de Hainaut, & était passée par le mariage de Marie Florence Brigitte LEXIN, avec Jean Nicolas DUPONT DE CASTILLE dans la famille de ce dernier. Cette terre était devenue la propriété de cette Dame par succession de son frère Nicolas LEXIN, qui en avait fait le relief au bureau des finances de Lille, le 2 octobre 1725, comme héritier de son père Jacques LEXIN, décédé le 31 août de la même année. Elle consistait 1°. en 22 mencaudées ½ de jardinages, prez & paturages en

3 pièces. Sur la première, composée de 11 mencaudées, se trouvait autrefois la maison D'OGIMONT. etc. etc. 2°. en 156 mencaudées de terres labourables en 5 pièces; le tout formant 178 mencaudées de terre.

Note 3.
Fief de St. Ouen.

Le fief de St. Ouen, situé au village de Roeult, consistait en 17 mencaudées ½ de terres labourables, relevant de la seigneurie de Mastaing.

Note 4.
Seigneurie de Briscloque.

La seigneurie de Briscloque, achetée par Jean Nicolas DUPONT, le 20 janvier 1735, de Pierre Louis MONNIER Sr. de Richardin, Castille, Vironchaux & Briscloque, était située à Lieu St. Amand près Bouchain & relevait de la terre & seigneurie de Gourguechon en Douchy. Elle consistait en 3 mencaudées de terres labourables, & en un droit de terrage qui s'étendait sur 79 mencaudées de terres labourables. Le Propriétaire y avait la haute, moyenne & basse justice, droit de chasse et pouvait y nommer un bailli & un mayeur-terrier etc: etc:

Note 5.
Fief de Champville

La terre & seigneurie de Champville située à St. Waast

là-Haut & Anzin près de Valenciennes, devint la propriété de Marie Florence Brigitte LEXIN épouse de Jean Nicolas DUPONT, S.ʳ de Castille par le décès de Bon Nicolas LEXIN, frère de cette Dame, arrivé le 20 mai 1734. Elle relevait du Roi, à cause de son Comté de Hainaut, d'après le relief qu'en fit le 12 décembre 1776, François Louis Joseph DUPONT DE CASTILLE, Chevalier, président à mortier au Parlement de Flandre, & contenait 84 mencaudés de terre en plusieurs pièces.

www.ingramcontent.com/pod-product-compliance
Lightning Source LLC
Chambersburg PA
CBHW070455080426
42451CB00025B/2744